AF174285

El hombre que alimentaba su alma
Sergio Macías

Colección Baños del Carmen

Sergio Macías

El hombre
que alimentaba su alma

EDICIONES VITRUVIO
Colección Baños del Carmen,
nº 985

www.edicionesvitruvio.com

Primera edición, 2024

© Ediciones Vitruvio
C/ Menorca, nº 44
28009
Madrid
Tlf: 91 573 21 86

ediciones vitruvio, nº 1. 625
ISBN: 978-84-127938-5-7

El hombre que alimentaba su alma

Apenas soy aquel que ayer soñaba
Antonio Machado

El viejo día que no tiene objeto quiere que uno viva
Y llore y se queje con su lluvia y su viento.
Lubisz Milosz

ANTE EL ESPEJO DE MÍ MISMO

Yo soy y no siempre el mismo.
Todo depende de mí mirada.
De las sensaciones del alma.
A veces veo al que quiero ser.
Y otros días al que se odia.
Me miro reflejado como un muerto
ante el espejo de mí mismo.
Pero también como el más vivo,
que sólo desea existir para amarte.

EL POETA DE LA CRUZ DEL SUR

Cuando el poeta de la Cruz del Sur
leyó a John Keats:
"durante muchos años mis trabajos
tienen que permanecer mudos",
el viento susurraba sus desvelos,
las hojas caían en el otoño
sobre los abismos de la hierba.
Los pájaros gozaban de la luz,
la melancolía fluía del viejo bosque
derramando pequeñas gotas
que golpeaban la tierra.
Abrió el arcón de su memoria
encontrando papeles amarillos
cubiertos por el polvo del silencio.
Se llenó el vacío de imágenes.
Y fue feliz porque se recobró a sí mismo.

EL HOMBRE QUE ALIMENTABA SU ALMA

Desde la infancia sintió que la luz
que atravesaba los bosques
llenaba el cáliz de su corazón.
Fueron las montañas, ríos,
lluvias y volcanes,
sembrados, pájaros, manzanos,
y el vuelo de las mariposas
que le embriagaban como los colibríes
bebiendo el néctar de las flores.
Luego, la juventud le trajo la pasión,
Sintiéndose pétalo ardiendo
sobre la pradera de la piel salada,
con besos dulces como miel de ulmo.
De pronto le envolvió el amor
como suave salmodia del viento
que mece a los cerezos.
Ahora los años alimentan su alma de nostalgias,
con una escritura que acumula
dolor, gozo y encanto.

AMARTE

Deseo amarte en este día,
cuando el sol peina
las cabelleras de los árboles,
y se anida como caracol
en las bocas de las flores.
Entregarme a ti como un río
que se pierde en el mar.
Amarte sobre un lecho de pétalos
que se extienden a la luz,
bajo las nubes que desbordan el horizonte.
Y amarte aún más profundamente,
a la hora en que se encienden los cirios del cielo.

TROZOS DE VIDA

El baile de las hojas.
Los alaridos surcando el espacio.
El ser desamparado
arañado por el sol.
El temblor de las ramas.
La belleza de las muchachas
desnudándose bajo la luna.
Las viejas leyendas
llenando la memoria.
Y el rumor de los muertos
que se deshacen en polvo
sobre el tapiz de la soledad.

HOY

Hoy me doblega lo cotidiano.
El absurdo de repetir horarios.
Oír conversaciones banales o filosóficas.
Me derrotan los funerales de quienes amo.
Las tumbas del olvido.
Las cenizas de la desdicha.
El ánimo que se desploma
en un alud de nostalgia y soledad.
Me cansa que todos se quejen
de que maltratan a la naturaleza,
mientras la siguen cubriendo de inmundicia.
Me cansa esperar que no vengas
a darme vino con tus labios.

ESPEJO DE LUNA

La luz es ávidamente devorada
por los laberintos de la hierba.
Y mientras juegan las sombras
en el agua de los estanques,
se arrastran las orugas de los astros
sobre el césped de las nubes.
Llega la noche
con un silencio de muerte.
Y ante el espejo de la luna
existen sueños que hacen sonreír
o llorar el alma.

PERTURBACIÓN

Hay ilusiones que perturban
y esperanzas que se frustran.
No todo en la vida es placentero,
dulce como pastel de manzana.
Tampoco es lágrima o sonrisa,
ira o alma en pena.
Es la existencia que se acumula en el alma,
como la naturaleza con montañas,
sismos, desiertos, ríos, océanos,
abismos, fuego, desolación.
Una imagen cotidiana que angustia,
un reloj que limita las jornadas,
invocaciones al infinito
que no obtienen respuesta,
maldiciones que caen al vacío,

batallas contra la idiotez,
huellas de terror,
futuro incierto con pandemias.

Un pesado andar
bajo una lluvia de recuerdos.
Un impulso que me lleva
a estrangular con un hilo de sol
a un estambre de belleza incomparable.

CINCO, SIETE, CINCO

El bello jardín
dejará de florecer
sin tu ternura.

Sobre la rama
el colibrí canta
a las begonias.

Aquí te amé
entre las flores del sol
y aún seguimos.

ANGUSTIA

La angustia viene
desde nuestro destierro bíblico
con extraños y hondos sonidos.
Es una ansiedad que no cabe
en el camino de los huesos.
Esta ahí, como galaxia silenciosa
en nuestro mortal universo.

ASECHANZA

Me persiguen los perros de la soledad
para devorarme en la pradera del tiempo,
como a un corzo de la nostalgia
en medio de las flores del silencio.

LA BÚSQUEDA

La vida radica en buscar
la luz del sol,
el fuego de los luceros,
el amor que sube como savia
por los torrentes de la sangre.
Una pequeña dicha que marque su huella
bajo el vuelo de las nubes.
Hasta que la muerte
nos ofrezca una nueva morada
silenciosa, oscura y de olvido.

LA CARGA

Las libélulas ondulan
sobre valles
y colinas del aire.
Los sementales del deseo
satisfacen sus goces
entre gavillas de luz.
Todo es alegría
en los lechos de sol,
aunque el hombre sigue
cargando sus míseros huesos.

PERMANECER

Cuando se quiebra
el remo de la luz
en el mar del alma,
nos quedamos solos
navegando en silencio.
Ante los roqueríos del olvido
la palabra se refugia en otras moradas,
para que siga permaneciendo
el espíritu de nuestro ser.

EL NIDO

La tarde corre su cortina púrpura.
Y tú aún no vienes, ave de fuego,
a nuestro nido tejido con hilos de luna.
Sé que llegarás alegre como siempre,
para aplacar mi ansiedad.

RIQUEZA

Te descubrí hace años
como una llama de mariposa
entre las brozas de la sangre.
Desde entonces no dejo
de pensar en ti.
Eres parte de mi conciencia.
Conoces hasta mis límites,
Estás más allá de mí mismo,
de mi cuerpo que se desboca
por tus ardientes colinas.

DE LA VITA BREVIS

La primavera que nos embelesa
se va un día con sus suaves aromas,
y en la nostalgia quedamos sumidos.
Breve es esta vida de dolores y sueños.

Breve nuestra existencia bajo el cielo.
Profundo el sufrimiento de la despedida.
Vivimos de ilusiones, penas y gozos.
Y de los besos que la pasión codicia.

Breves fantasías nos alegran el alma misteriosa.
Pero la muerte nos entristece con su sentencia.
El tiempo sigue en la vigencia del Universo,
la incógnita de nuestro ser en medio del infinito.

Breve es la vida y absurdo nuestro abandono.
El canto de los pájaros calla con la tormenta.
La ira de la naturaleza a ríos y mares desborda.
Las flores que perfuman se deshacen en el viento.

Breve es nuestra luz como la llama de un cirio.
Apreciamos el alba y al saber que existimos nos encanta.
Vivir es un prodigio que solo se explica como milagro.
Como la riqueza de tu ser que me da amor y esperanza.

MÁS ALLÁ DEL HORIZONTE

Las palabras pasan de un país a otro.
Estamos en un mundo de emigrados.
Los idiomas se oyen más allá del horizonte
buscando trabajo, tolerancia y fraternidad.

TIEMPO

Los pétalos se deshacen
en las bóvedas del tiempo.
Cruzan el cielo los pájaros,
los vientos, las nubes.
La existencia transcurre fugaz
por el río de la sangre
con ansias, miedos y sueños,
diálogos, monosílabos,
bellezas, horrores invisibles,
bullicios que vienen de siglos,
pasiones inolvidables,
y penas desmesuradas
que pueblan la memoria.

TÚNICA DE LUNA

El sol borda el atardecer
con filamentos de amapolas.
Antes de oscurecer
desaparecen en el viento
las mariposas agitando sus alas.
Llega el oro de los astros,
y una llama de amor
surge en el lecho de la noche
bajo la túnica de la luna.

VOZ LEJANA

Voz del exilio, voz de pozo cegado,
voz huérfana, gran voz que se levanta
como hierba furiosa o pezuña de bestia,
voz sorda del exilio,
hoy ha brotado como una espesa sangre
reclamando mansamente su lugar
en algún sitio del mundo.

Álvaro Mutis

Años de pasar en tierra ajena
falleció recordando los aromas
de un curanto que comió
en la Isla Tenglo.
Unas empanadas con pebre
y vino pipeño de Cauquenes.
Sus últimas palabras fueron:
al sur… hacia el sur…
donde vuelan los queltehues,
y se comen longanizas
con pan amasado calentito,
que hacen arder los fríos huesos.

INCÓGNITA

A Gunther Castanedo Pfeifer

Los enigmas llenan mi alma
bajo este cielo infinito.
Todo viene de lo insondable,
de los misterios de la materia,
de los sonidos de la tierra,
del lenguaje del viento,
de la luz y de la sombra,
de la felicidad y del pesar,
de la frescura, del cansancio y del sueño,
de las elegías de los océanos,
de los laberintos del silencio,
de lo que pasa y muere.

CANTO AL AMOR

Amarte con el impulso y la transparencia
de las vertientes cristalinas,
aún mejor que en *El Cantar de los Cantares*.
Embriagarme con el vino aterciopelado,
ofrecido por tus labios ardientes
y el cuerpo perfumado a manzanos,
en una noche con surtidores de estrellas.
Y despertar al amanecer
con la algarabía de los pájaros,
y los juegos del viento con las nubes.
Sentir tu delicada voz mientras recorro
tus cumbres y valles iluminados,
sin temor a entrar en la profundidad de tus pupilas.
Vivir el instante como si fuese eterno,
como si solo existiese la alegría de tu sonrisa,
bailando al ritmo de los laúdes,
de los cantos de los mirlos
y de la danza de las espigas.

GOCE ECOLÓGICO

Extasiarse con las gacelas de nubes
por los valles del cielo.
Con los pétalos de la primavera.
Con las uvas exprimidas
sobre mi boca sedienta.
Con los cántaros de arcilla
que acumulan lluvias de siglos.
Con la sombra que cobija
mis secretos, locuras y alegrías.
Con los rosales del sol
que alimentan el fuego de las amapolas.
con entregarme a ti
entre las madreselvas del sur.

MIENTRAS EXISTIMOS

Mientras existimos
nos deshacemos como las corolas,
como las lluvias que se pierden
por las cerraduras de la tierra,
como las sombras en las manos del sol,
como la niebla por las puertas de la claridad,
como las naves del aire en un mar de nubes,
como los camellos que desaparecen
entre los montículos del desierto,
como las apariciones de muertos,
como agua que baña las raíces del olvido,
como polvo ocioso
de los esqueletos del silencio.

SENTIR

La desmesurada hondura celeste.
La transparencia del rocío.
El lenguaje de los ríos.
El oleaje del aire.
Los colibríes embriagados
con el aroma de las corolas.
El silencio del granito,
y mi copa con el vino suave
bajo los rayos del atardecer.

MIS ARGUMENTOS

A Pedro López Lara

Mis argumentos están en la naturaleza,
en la hermosura de las flores,
en los paraguas de los luceros,
en los abanicos de las mariposas.
en los nenúfares traspasados por rayos de sol,
en la Cruz del Sur
clavada en nuestra galaxia,
en las nubes que resbalan
por el horizonte del silencio,
en las sinfonías del viento,
en las danzas de las espigas
y voluptuosas madreselvas,
en la transparencia del rocío,
en el amor que se desborda de besos,
en un lecho de luna
que anida nuestros sueños.

DEVENIR

A Lita Gutiérrez, Eulogio Suárez,
Alicia Galaz, Oliver Welden, Hernán
Castellano Girón, León Oquetaux,
Floridor Pérez, Mario Macías, Donald
Kay, Enrique Valdés, Isabel Velasco,
Omar Lara, Juan, A, Epple, Omar
Saavedra, Patricio Manns...

Lentamente van desapareciendo
los poetas de mi generación
con su inagotable escritura
nacida en el país del desierto,
del mar, de los bosques,
de los cerezos, del trigo,
de los minerales y volcanes.
Nacimos con dedos habituados
a la máquina de escribir.
Casi ninguno de los que aún vivimos
resistimos el avance de las computadoras.
Aún amamos con romanticismo,
seguimos luchando por la libertad
y un nuevo mundo más equitativo.
Por estas quimeras la tiranía
echó libros a las hogueras.
Muchos ciudadanos murieron
y otros sufrieron el castigo del suplicio,
vagar entre gentes, aromas
y extraños paisajes
mirando hacia la lejanía.
Ahora vienen otras generaciones
con textos digitales, robots,
pedidos online, juegos virtuales,
artefactos eróticos, celulares,
muñecas que satisfacen sin alma,
besos y desnudos por internet,

atención automática en los aeropuertos,
bancos con tarjetas para mudos cajeros,
y un futuro con destino espacial.
Existe la competencia de quiénes serán
los bienaventurados que pisarán
los cerros astrales para comenzar
amar esa extraña realidad,
mientras yo sigo dedicado
a labrar la palabra escrita,
y a podar plantas en mi pequeño jardín.

EL PASAR DE LOS AÑOS

Me iré con los recuerdos de una juventud alegre,
y de una vejez que es como un atardecer
que oscurece lentamente la existencia.
Siempre cautivado por tu amor,
y la poesía que me alumbra
como una dulce muchacha
que florece como la primavera.

EL ESTANQUE

En el estanque del alma
tintinean mis lágrimas
por no saber quién soy.
Aquí se empoza el tiempo
con sus dichas y dolores.

TRANSCURSO

Tan poca vida para amar,
soñar y caminar,
o para desandar
y empezar a buscar
la senda que no te lleve equivocado.
Y mucho tiempo para dormir
en el lecho eterno del olvido.

JARDÍN INTERIOR

En mi jardín interior
existe un lugar invisible
donde susurra la vida
a través de cada flor
que forma la memoria.
Las cuido con la paciencia
y finura de un joyero
labrando rubíes.
En los pétalos hay versos,
escritos con tinta de luceros.

LOS LIBROS

Me gusta acariciar los libros,
sentirlos entre mis manos
como parte de mi existencia.
Aspirar el olor de su tiempo.
Recordar imborrables palabras
que impresionan con metáforas,
aventuras, vidas de personajes,
emociones, experiencias
que pareciera vivirlas
en mis realidades y fantasías.
El libro es un pozo de pensamientos.
Un imaginario que arde en la memoria.

VEJEZ

La vejez es como un árbol en otoño
que va quedando sin hojas.
El tiempo transcurre
con la nostalgia de los días fugaces.
Ya no llegan amigos, ni parientes.
La vejez es el olvido humano
en la bóveda cósmica.
Si hay suerte o llámese salud,
la cabeza de la anciana
reposa sobre el pecho
de su veterano compañero.
Recuerdan la juventud con viajes,
ilusiones, pan y vino compartidos.
Y sonríen dulcemente
pensando en los hijos y nietos
que hacen sus propias vidas.
Los viejos se necesitan,
hasta que un día
uno u otro se marcha.

AMOR INCESANTE

El amor es como el florecimiento
de las camelias que se iluminan
con las llamas del sol.
Ilusión de dos en uno
en esta efímera vida
de dolores, tristezas y alegrías.
El amor es incesante como el aire.
Sin darnos cuenta un día lo sentimos,
como ahora en que susurro tu nombre.
Sueño carnal en el encanto de tu hermosura,
revelando gozo y consuelo.
El amor es como la luz inmensa del cosmos.

CONFINAMIENTO

Estamos confinados en el espacio
de este universo inabarcable.
Limitados por el tiempo
con guerras, corrupción, dolores,
pandemias, desigualdades y contaminación.
Lo único que me salva para ser feliz
en esta hondura misteriosa eres tú,
que posees el encanto de la luz
sin esperar nada más que amor.

SOBRELLEVAR

La espalda del alma
soporta con dolor
el peso del tiempo.

PROXIMIDAD

Hay un instante
en que una sombra apaga
la última llamarada
de un cirio de sangre.
Un soplo frío
atraviesa
la soledad de los huesos.

SIN MÁS

He sentido la dicha y el dolor profundo.
El sexo, el perdón, horas de silencio.
La tiranía. La libertad. Las huellas del peregrino.
Nunca he vivido para amarte lo suficiente.
Todo es tan infinito como el Universo.
De nada me sirven las evocaciones.
El vino que han estrujado los crepúsculos.
Ni la lluvia que me envolvía en el sur.
O los antepasados que se fueron sin más.
Me faltan aún muchas alegrías,
tu ternura, sueños y poesía.

VIEJA MÁQUINA DE ESCRIBIR

En la boca del lirio
el sol deja sus llamas.
Así es el amor.
Un lenguaje de fuego
que hace poderoso al corazón
con la pasión que arde
en los temblorosos labios.
Permanece en la playa de los sueños.
En mi vieja máquina de escribir
que está cubierta por el polvo y el silencio,
descubrí un texto que dejé olvidado:
-Llegué a tus ojos y me quedé en tu alma.

SÓLO POR AMOR

He vivido sólo por amor
y por amar la vida vivo.
No hay razón para existir
si no fuera lo que impulsa mi alma
que a todas horas te desea.
Eres el fuego de mi existencia.
La luz que fluye de tus ojos
y de la sonrisa que alegran mis días.
Por amor sueño
que siempre estoy contigo,
en el templo del tiempo.

PARTE DE LA NATURALEZA

Soy parte del mar, de la hoja,
de la flor, del dolor, de la dicha.
De la madre naturaleza.
Sangre de sol
y lágrima de rocío.
Tiempo breve
en mi humilde arcilla.
Llevo en mi corazón
la lira de la escritura.
Un destierro que surge
en mis alucinaciones.
Los latidos de la primavera.
Tu dulzura que nunca olvido.

VIRUS

Mi ciudad era la más bella,
con jardines, bosques, riachuelos
donde nadaban patos y libélulas,
mariposas que rozaban
con sus alas los juncos.
Los paseos eran continuos.
Algunos sentados en las bancas
leían a poetas o algún novelista
de páginas imaginarias.
Hasta que un día todos
se confinaron en sus casas.
Y no salieron durante meses
como si vivieran en el Arca de Noé.
La palabra se reemplazó por el silencio
bajo mascarillas que ocultaban las sonrisas.
Los ataúdes se apilaron en salas especiales.
La mayoría eran ancianos
que se iban sin despedirse.
Nadie acompañaba en los velorios.
Sólo se permitían funerales íntimos.
Se cremaban a los difuntos
cuyas figuras se deshacían en el aire,
y las cenizas eran el consuelo
de que habitaron la tierra codiciada
y apestada por el hombre sin escrúpulos.
Era un virus que atacaba sin piedad
a una sociedad que gastaba más en armas
para continuar con las guerras,
que en salud para los débiles
aterrados de morir resoplando por un tubo,
y de ver a todos en la distancia del miedo.
Los que partieron de este mundo
sintiendo la soledad de las lágrimas,

no fueron olvidados en nuestra sociedad
de males ocultos y amenazas bacteriológicas.
Se les recuerda en los libros de historia,
entre victorias, derrotas, misiles nucleares,
como parte de una insistente angustia.

ORACIÓN

Padre Nuestro
danos la paz,
sin tiranos con espadas
contra la libertad.
Que la riqueza se reparta con justicia.
Y el humanismo reine
en nuestros corazones.
Líbranos Señor
de las guerras,
de los que gobiernan en beneficio
de sus propios intereses,
y luego se golpean el pecho
para aliviar sus pecados.
Ayúdanos para que no falte el amor,
y el pan de cada día.
Amén.

POESÍA

Río mágico de la memoria
que refleja los dolores del alma,
el amor, la belleza, la alegría,
la pasión y las ilusiones.
Fulgor del pensamiento.
Ilusión que hace soportar
la carga del tiempo.

TEMOR

El amor enciende
los aromos de la sangre.
La pasión que surge
bajo las ruinas de los astros
que se despedazan en el Universo.
Una vez que volvemos al sosiego
pensamos en nuestro destino,
con el temor de ser
el enterrador de uno mismo.

TUS PRIMAVERAS

A Nieves

Cuando muera
me llevaré tus primaveras.
La bondad de tu alma.
La magia de tu mirada.
Las batallas que dimos juntos
por el pan, la libertad y la alegría.
Cuando muera me iré en el viento,
Y llegaré en un rayo de luna
en tus desvelos,
o de sol que secará tus lágrimas.
Me llevaré tu ternura,
tu sonrisa cristalina
como las canciones de los ríos.
Todo lo que me hizo feliz
en este sufrido mundo.

EL ABANICO

La paz de los árboles.
El reino del viento
con sus cantos rebeldes.
La arpillera de los astros
envolviendo nuestra ternura.
Y el abanico de los eucaliptos
que expanden su aroma
hacia los cuatro puntos cardinales.

VIVO EL PRESENTE

Vivo el presente
porque el mañana no será nunca.
Siempre seremos hoy
hasta que el violín del tiempo,
termine su melodía.

CALEIDOSCOPIO

Los estambres de la luna.
El polen del sexo.
Los bailes de la sangre.
La dulzura de los besos.
La crepitación del dolor.
El placer fugaz.
La angustia con sus ansiedades.
El paisaje inmenso en las pupilas,
cuando llora el corazón
en su anhelo por ser feliz.

VENTANA DE LUZ

Hoy te vas como un pájaro
que se desliza
por la línea del horizonte
y desaparece
por una ventana de luz.
Me queda el vacío de tu ausencia.
Te espero en el fondo
del último destello del día.
para volver a yacer contigo
bajo el terciopelo del crepúsculo.

AFRODITA

Se me estremece
la cordillera de los huesos,
y me tiemblan las llamas
volcánicas del deseo.
Queman como brasas
los luceros de la sangre,
y las uñas de la luz
rasguñan la piel del tiempo.
En el lecho de la noche
soy esclavo de tu belleza,
Afrodita devoradora.

A LA DERIVA

Sin la rosa de los vientos
en el océano de la soledad.
Y sin la carta de navegación,
como los desventurados,
oyendo falsos cantos de sirenas.

EL SUICIDA

Desde el altar de los huesos
rodó la cabeza del poeta,
porque no pudo ser
molinero de crepúsculos,
cantero del amor,
aguador de nubes.

NUNCA MÁS

Sus últimas palabras fueron:
nunca más quiero volver a vivir
en este valle de lágrimas.
Nunca más sentir hambre.
Nunca más sufrir guerras.
Nunca más que judíos y palestinos
se maten en tierra de Dios.
Nunca más tener desvelos.
Nunca más que el odio y la venganza
naveguen por mares de sangre.
Nunca más se ataque a la hermosura.
Nunca más se prefiera el dinero al amor.
¡Nunca más!

LA CAÍDA

Caen los pétalos en silencio
como el rocío al amanecer.
Caen lágrimas por amor.
Cae el río desde la montaña
hacia los latidos del mar.
Cae la sombra sobre el cuerpo,
oscureciendo sus cansadas huellas.
Cae la lluvia que fluye
hacia el fondo de la tierra.
Caen los pensamientos
sobre el pozo de mi soledad.

SABOR

Cosecho en tus ojos
las uvas de la dicha.
El vino del amor
en las copas de tus pechos.
Tu dulce dormir de paloma
en el nido de la luna.
El sabor de tus besos
a las cerezas que tiñen tus labios.

El TREN Y EL HOMBRE

El tren del aire
se pierde por rieles de luz,
y el hombre
por el camino de los sueños.

DESNUDEZ CELESTIAL

Las estrellas caminan descalzas
sobre las llanuras del cielo.
Y se desnudan
ante el espejo de la luna.

EL AMANTE

Soy el amante que deshoja
la rosa de la noche,
en tu piel suave
como pétalo de agua
bajo las fosforescencias de los astros.

LA AMADA TRISTE

Tus ojos de gacela están tristes.
No puedo verte desconsolada.
Mi corazón sangra como el crepúsculo.
Quiero convertir tu dolor en sonrisa.
Encender la pasión con tus encantos.
Ven, amada, a mi regazo.
Aduéñate de mi ternura.

EL SUEÑO

Soñar lo imposible: la paz,
mientras dirigentes organizan guerras
para comerciar sus armas
y reconstruir ciudades.
Sólo el poeta piensa
en otro mundo placentero,
donde nuestras vidas
fuesen como los cerezos
de mi tierra que la iluminan
como la luz de cada día.

LA COSECHA

Las espigas del amor
sólo se cosechan
en el valle de la ternura
y de los gozos.

ILUSIONES

Más allá del horizonte
una sensación de eternidad.
Ilusiones que viajan
en veleros de nubes,
con mástiles de luz
impulsados por las velas del viento.

MARINERO DEL CIELO

Cuando la nave del sol
se hunde en los valles del atardecer,
se alzan mis alegres brindis
por el placer de sentir
el dulce sabor a uvas,
que dejan sedientos mis labios
para una noche sembrada de besos.

MOVIMIENTO INVISIBLE

La luz cuelga de las ramas
y se balancea en las hojas,
mientras las alas de las sombras
se deslizan solitarias
por el rincón de la muerte.

EL CORAZÓN DE LOS ÁRBOLES

Coloco mi oído
sobre el corazón de los árboles
para aprender su lenguaje.
Oigo el murmullo de la tierra.
Los secretos de sus raíces.

MARCADA EXISTENCIA

Nuestra existencia
está llena de pesadumbre,
hastío, ansiedades extrañas
y misteriosas andaduras,
naufragios, dichas fugaces,
y recuerdos que se revuelven
en el pozo del silencio.
Nos dejamos llevar por ilusiones.
Por el amor que embriaga el corazón,
y la luz que fluye de un poema
para no vivir cansados
de nosotros mismos.

MUERTE Y RESURRECCIÓN

Bebo a pequeños sorbos la reiteración de la brisa
y siento pasar por mis dedos el tiempo,
como cuentas de un rosario.
Hasta que la noche
cae a mis pies como pájaro ciego

Aníbal Núñez

He muerto bajo el sermón del viento.
Desaparecí en los orígenes del mundo
entre tormentas y fuego de volcanes.
Mi resurrección hasta hoy es inexplicable.

Sólo se entiende por la palabra de un trovador
que anunció mi existencia antes de Homero.
Fui peregrino perdido por regiones extrañas.
Estuve en medio del fuego de la Inquisición.

Injuriado, vencido por guerras y clavado
en el madero de los ladrones y rebeldes.
Envuelto en el sudario de las sombras.
Sacrificado en la torre de Arjonilla.

Ahora vivo en esta sociedad libre y nuclear.
Infecta el aire, mares, bosques y causa pandemias.
Según los augurios surgirán nuevos hombres
que harán florecer el planeta para salvarlo.

PAISAJE

Voy por montañas y mares
y relámpagos y fuegos
y desiertos y bosques
y minerales y vientos
y silencio de piedras
y nieves y corolas
y entre ramas de sol
y hojas con pájaros
y senos de luna
que destilan rayos
de leche de argento
en este tiempo que va
de prisa sin importarle nada.
Voy buscando insaciable
la dicha en el amor.

CUÁNTAS VECES

Cuántas veces en mi vida
llené la copa de mis huesos
con el vino que alimentó mi sangre
para darme alegría
ante tanta pesadumbre.

CUADERNO DEL ALMA

Un cálamo de luz
llena el cuaderno del alma,
o la sonrisa de un niño
que es como la primavera.
La paz, la luz del infinito,
Toda la pasión, el dolor y la bondad
en el camino de nuestras vidas.

SIN REGRESO

Vamos por un camino sin regreso,
entre arboledas de luz
y sombras que sangran silencio,
mientras el corazón oculta su angustia
en el templo de los huesos.

DURO PRESAGIO

Como si fuese un duro presagio,
mi existencia deberá soportar
el mismo destino de las nubes
que se disuelven en el aire.

EXTRAVÍO

Al atardecer
veo una abeja abandonada
en el rincón de una rosa.
Tiembla en su extravío,
mientras la rebanan
los cuchillos de las sombras.

SENSACIÓN

La música del cosmos
invade los sótanos del alma.
Y una sensación indescifrable
de maldita mortalidad.

NUEVO TERRITORIO

Ya sin fuerzas como el viejo barquero
que no puede regresar de la otra orilla,
aplaco mi dolor en un nuevo territorio.
Siembro hierbas y flores típicas
que me envían de mi región.
Les doy agua cada mañana,
como un jardinero de mi tierra.

SIN PALABRA

Sin la palabra no somos nada.
Sin el mañana no hay esperanza.
Sin amor está vacía el alma.

DE LA HERMOSURA Y LA CONGOJA

A Mario

Vi la hermosura
en un almendro de nieve.
En una gacela con ojos de olivo.
En el amor rendido bajo la luna.
Y en unos recuerdos dulces
sentí acongojado
la eutanasia de mi hermano
que fue mi más espléndido amigo.

DESAMPARO

El río fluye impetuoso.
Aúlla entre las piedras.
Y en la ribera donde se recuesta el sol
grita un hombre desesperado,
consumido por su propia vida.
Pero nadie le escucha.

ESCULTURA

La escultura
de nuestros huesos
está hecha
para un ataúd sin tiempo.

TRANSPARENCIA

Un pistilo de fuego
besa las bocas de las abejas.
Mientras el arpa del aire
se oye en el fondo del bosque.

CANTAR DE LOS CANTARES

Cópula de fuego
entre los muslos de las galaxias.
Cantar de los Cantares
en el vino dulce de tu boca.

GRUTAS

En las grutas
de las madreselvas
los susurros del aire
no tienen límites.

VASIJA DEL ALMA

Árbol de huesos.
Carmín de sangre.
Y vasija del alma
que llenamos
con el vino de la ternura.

HOGUERAS

Las sedas de las nubes
se deshacen
en las hogueras del viento.

PRÓDIGO

A Pablo Siebel

Una esquina del espacio
iluminada por hebras de sol
se cubre con las hojarascas del crepúsculo
que dibuja un pintor pródigo en coloridos,
con tonalidades que llenan los vacíos del Universo,
y *El bosque de las mujeres olvidadas.*

EL PRETIL

La angustia me clava
con las estrellas de la soledad
en el pretil de la noche.

CORREDORES DE LUZ

Pasa el aire por corredores de luz.
Y en las noches caracolea
por laberintos de sombras,
cuando la lujuria de los amantes
desata la tempestad de la sangre.

LA CREACIÓN Y OTROS MOTIVOS

Cuando se creó el cosmos
el hombre se dio cuenta
que todo tiene un final.
Se apoderó del corazón el miedo.
Inventó a Dios contra la Nada.
Entonces, aparecieron los filósofos.
Hablaron de la inmortalidad,
de lo efímero y del cansancio de vivir.
Y Shakespeare pudo concebir motivos
para las víctimas de sus tragedias.

SIN PIEDAD

Se me caen los hombros
bajo el peso del tiempo.
Y se me doblan
las rodillas de la duda
en este duro día de cansancio.
No hay quien se apiade
de los dolores del alma.
Y no me queda más
que seguir por este camino,
sin saber adónde va.

CERRADURAS

El viento silba
por las cerraduras de los cementerios
cubiertos con flores
marchitas por el olvido.

BAJO LA TIENDA

Desnuda sobre hojas de luna,
extendida como mariposa
con aroma de azucena.
Y el amor fundiéndose
bajo la tienda del cielo.

EVOCACIÓN

Paralelo cuarenta sur,
cordillerano, rebelde, sísmico,
boscoso, lluvioso y volcánico.
Cautín con hachas de sol.
Cantos de ríos desenfrenados.
Crepúsculos que manchan
como el vino el mantel de la tierra,
y dibujan los labios de los jazmines.
Astros que dan brillo
a los ojos de las luciérnagas.
Donde me gusta morder sus manzanas,
pisar sus madreselvas.
Sentir el viento que juega
entre crisálidas y alerces.

DE LA VIDA Y OTRAS QUIMERAS

Cuando se goza
bajo el esplendor de la luna.
Y la luz de la poesía
atraviesa la sangre.
Y el destino se cree leer
en la mano de los astros.
Y se sienten los delirios
apurando las copas del placer.
Y la pasión se revuelca
en el lecho de los sueños
iluminado por las constelaciones.
Y la vida canta al alba
en el tintineo del rocío
sobre las charcas que reflejan
el paso de las nubes.
Y escuchamos las fábulas
de nuestros antepasados.

Y vemos la existencia
tan breve como un sueño.
Y que no debemos perder
el equilibrio de nuestros pasos
sobre la cuerda del tiempo,
nos damos cuenta que el amor
es lo único esencial para salvar
nuestra endeble existencia.

GOTAS

Una gota de luz
se derrama sobre el espacio.
Una gota de lluvia
se volatiliza en la arena.
Una gota de sangre
se extiende sobre el cuerpo.
Una gota de luna
envuelve la noche.
Una gota de amor
cubre a los amantes.
Y una gota de silencio
a los huesos de la muerte.

DÍAS MALDITOS

Malditos días
y dolor maldito.
Labios que devoran
con pasión maldita.
Vida que se extravía
por el embrujamiento
de un amor maldito.
Existencia que se hunde
en el fuego maldito
de una tentación maldita.

TEJIDO

El aire se extiende
sobre el tejido del musgo.
Y las mariposas se deslizan
por los muslos de las azucenas.

DESCARGA

¡Cómo descargar
este castigo bíblico de vivir!
¡Este pesar y destierro del Paraíso
por el deseo de poseer la hermosura!
¡Esta avidez que siempre persiste
hasta en nuestra cansada existencia!

DONDE SE DERRUMBAN LOS DELIRIOS

Los rayos se pierden
por los oscuros ventisqueros
donde se precipitan
las fuerzas del agua.
Se pueden ver reflejadas
las estrellas sobre las inmensas olas.
En los ojos de los peces
la soledad de la existencia.
Y en la fosa infinita del cielo,
donde se derrumban los delirios,
el grito de angustia
de un hombre que ya nada espera.

NO SER INÚTIL

Quien sueña con la paz
no cree en el desencanto.
Quien lucha por los demás
no es un hombre inútil.
No hay que ser vencedor,
ni vencido en esta difícil vida.
Dejar que llegue el amor,
y compartir la libertad,
el pan, los sueños,
el dolor, la alegría, los desvelos.
Los atardeceres que seducen el alma.
Y la poesía que alimenta la memoria.

SIN ALDABAS

El
tiempo
no
tiene
límites
ni
fondo
en
el
mar
del
alma
ni
aldabas
que
impidan
su
libertad

UNIÓN

Mientras los caracoles ondulan
    sobre las líneas de las hojas
        compartimos el amor
           entre las sábanas del aire.

EL PINCEL

Las olas golpeando los acantilados.
La brisa con aromas y pétalos de sol.
Veo desde una barandilla del espacio
el Universo luminoso hecho con el pincel de Dios.

EL SILBIDO

El silbido del aire
se deja oír dulcemente
en el huerto de los cerezos,
donde los insectos hacen el amor
en los olvidados laberintos de la hojarasca.

EL CIELO Y LA TIERRA

A Roberto Godoy

El cielo sonríe
con su boca de sol.
Y la tierra gime
con sus raíces de lluvia.

CREER

Quiero sentir el día en tu boca,
que me arrebujes entre tus senos,
quemar mi ansia en el fuego de tu piel.
Llegar a tus cumbres solitarias,
a lo más profundo de tu ser,
para creer que en vano no he vivido.

AMANTES SIGILOSOS

Las hojas del otoño.
Los vestidos de las flores.
El polen entre muslos de luz.
Los resplandores de los astros.
Y dos sombras que se unen
en un rincón de la noche.

DOLOR

Me duelen las guerras,
las tiranías, el destierro,
como a un pájaro que vuela
atravesado por una flecha
tiñendo de rojo el horizonte.

OTRA VEZ ANTE EL ESPEJO

Mis ilusiones se diluyen
en el aire de las ansias.
Ante el espejo
la soledad
atraviesa el alma.

EL RÍO DEL OLVIDO

Nadie sabe cuánto falta
para que se nos vaya
esta efímera existencia
con los besos, el vino,
los dolores, las historias,
el amor, la sonrisa y el silencio.
Lo que hemos pensado y escrito.
Todo por el río del olvido.

SIN RESPUESTA

¿Qué somos
en este mundo de luz y polvo?
¿Entre estas interrogaciones
sobre el ser y la nada?
No hay respuesta
en tantos siglos de existencia.
El hombre sigue pasando con sus enigmas,
como en la caverna la sombra Platónica.

ENVEJECER

Envejecer como el cansado otoño.
Sentir la soledad del lirio.
O un violín de luna
que solloza bajo el cielo.
Revivir los recuerdos de infancia
en los caminos del viento.
Oír que las gentes dicen:
-la edad es sabiduría-,
y yo mandándolos al carajo
con mi juventud perdida,
y mi cara ya de difunto...

PERMANECERÉ

Permaneceré siempre en el sur del infinito,
donde la nieve cubre las araucarias
y las gotas de luz seguirán tintineando en mi alma,
que necesita de tu amor que hace soportar
esta dolida existencia que se va sin rumbo como el viento.

SER ROMÁNTICO

Hallar la dicha en una gota de rocío.
Mirar la belleza de una flor.
Copular sobre una hoja de luna.
Sentir el amor indescriptible,
como un poema que desborda de gozo.
Luchar siempre por la liberación.
Creer en un mundo solidario y de paz.
Mientras te persiguen por subversivo,
y te apalean y encierran y clavan espinas,
y violan y te traen perros furiosos
que tienen la misma cara de tus verdugos
que gritan: ¡Para que aprendas!
Y la vida sigue con sus mareas
hasta que se recobra la libertad.
Pero, el odio está al acecho
para romper el encanto.

LA ESCALERA DEL TIEMPO

Sobre las páginas de los años
escribo poemas con el cálamo del silencio.
Son imparables emociones que fluyen del alma.
De esta existencia que gira al compás del universo.
De la memoria que contiene alegrías, amores y derrotas.
No está todo lo vivido, lo misterioso, ni los secretos y errores.
Este es un caminar interminable como si se atravesara el desierto.

EL PODER

Ser o no ser y la traición
es para quien aspira ser feliz con el poder.
El amor por Ofelia surge hasta en sueños.
La venganza se oculta
con un cuchillo entre las sombras.
Lo importante para Hamlet
es dirigir con acierto la mano asesina.
Hamlet brinda alegre en su imaginación
sobre la tumba del alma.
El fervor es dulce, pero la ambición le empaña.
Pasos se deslizan por muros y jardines.
Huellas asesinas resplandecen bajo la luna.
En la habitación fría de los sentimientos,
aparece la imagen ante el espejo
como el fantasma de la muerte.

FASCINACIÓN

Cuando las monedas del sol
caen sobre las corolas,
la suave brisa
adormece a los ciruelos.

RECUERDO DE JUVENTUD

Bajo los rayos del sol
resplandeces en la transparencia del aire.
Desde entonces me adhiero
como hiedra de luz
al árbol de tu primavera.

EL ECO

Repite las elegías del aire.
Los estruendos de la tormenta.
Los brindis de la alegría.
Los pasos del peregrino.
Los arpegios de los ríos.
Los aullidos de la soledad.
Los susurros sublimes del amor.
Los cantos de las alondras
sobre las ramas del horizonte.
Los lloros incontenibles
que caen a los precipicios del tiempo.
Los tintineos de la lluvia
sobre los cálices de las azucenas.
Y los crujidos del planeta
con sus cataclismos
y rugidos de océano,
cuando gira sobre un dedo de luz.

EL DÍA TRANSCURRE

Las agujas del rocío
clavan el pecho de las hojas
y cubren la sed de los pájaros.
Los naranjos sangran
bajo el incendio del sol.
Los ríos son atravesados
por cuchillos de piedra,
y las libélulas duermen
sobre las corolas,
como yo sujeto a tu cuerpo,
a tus besos en el silencio de la noche.

FELICIDAD

A Olga Samamé

Dichosos los pueblos
que viven en paz.
Los colibríes que liban
el elixir de las flores.
Las araucarias que se cubren de nieve.
La brisa que acaricia los pétalos.
La primavera que se eleva hacia el cielo.
Los cantos de los pájaros que alegran el bosque.
Las espigas de oro que ondean en los valles.
Y de los que sólo se rigen
por amor.

LA ESPERA

El lenguaje de la lluvia.
La gravedad del pensamiento.
Los muros del silencio.
Mi soledad que se alarga con las horas.
La silla del cansancio.
La mesa inmóvil sin sonrisas.
La transparencia nublada de la ventana.
El suelo que cruje.
El aire que parece dormido.
Y mi copa roja de fulgores,
mientras espero que llegues
para darte mi pasión y dulzura.

ACUARELA

Eres del país de los minerales.
Del océano que galopa sobre los abismos.
De los bosques heridos por rayos y lluvias.
Nadie más que yo puedo pintarte
con la acuarela de los signos terrestres.

LA TELARAÑA

En el fondo de mis ojos tu imagen
sobre una telaraña que hilé
durante mucho tiempo
para devorar tu belleza.

EL SENDERO DEL AMOR

Mis manos conocen
las sinuosidades de tu cuerpo.
Tu piel en noches voluptuosas de luna.
Tus ojos como astros desmesurados.
Las cosas que amas.
Tu cansancio, dolores y alegrías.
Eres parte de la arcilla bíblica
acariciada por el aroma
de los aires cordilleranos.
Tu sonrisa luminosa
viene de los ríos del sur.
Entraste en el mar de mi alma
bajo los destellos del cielo
para abrir camino al amor.

MACÍAS EN EL CASTILLO DE ARJONILLA

(1340-1370)

El poeta de la mágica Galicia,
de bosques lluviosos,
de queimadas y meigas,
de la sangre sacudida por el mar,
del frenesí incontenible y dolido,
del sentimiento que lo llevó
al amor profundo y sublime,
fue encerrado y hundido
en la soledad y el sufrimiento,
en el gran castillo de Arjonilla.
Se suicidó en un bello atardecer
castigado por amar a una hermosa
mujer comprometida que le daba su dulzura.
La luna se cubrió de pena,
y el aire se hizo canto de ultratumba.

A Larra le conmovió la pasión
del célebre trovador Macías,
describiéndole con maestría
en *El doncel don Enrique el doliente.*
La historia no es clara,
si el inolvidable enamorado
dejó esta vida por un lanzazo
que le dio el furioso marido
de la adorada amante
que inspiró sus cantigas.
O bien, como dice la dramática leyenda,
se inmoló por voluntad y desconsuelo.
Sólo quedó el amor que aún persiste
en los que creen que la llama de la dicha
la alimenta la pasión con sus delirios.

ANSIA

Como la soledad del árbol.
Como el silencio de la piedra.
Como el día que resbala por el horizonte.
Como el rocío que cae en la boca de la hierba.
Como el fuego oscuro de la noche.
Como el espacio que envuelve
con las lámparas de los astros.
Como el imaginario que recorre las grutas del alma.
Como el implacable tiempo que destroza la hermosura.
Como el dolor que arrincona sin piedad.
Como la pasión insaciable que nos exalta.
Como la primavera que florece en esta ansia invisible
de seguirte amando entre penas y alegrías,
antes que me vaya al mar del olvido.

TIEMPOS DEL CAMINANTE

A Kenza El Ghali

Caminé sobre la hierba
y finos azulejos que pisó Musta'in.
Me envolvió el viento de al-Andalus
que removió la placidez del Guadalquivir
en los oídos de al-Horr.
Me embriagué con el cáliz de la primavera.
Con Abd al-Rahman I
soplé el polvo de la muerte.
Y bajo la manta del estío
amé la geografía de la piel de mi amada,
como si fuese Wallada perfumada a nardos.
Sentí sus cálidos besos
entre flautas de jacintos,
como jardinero de su alma.
Un día creí ser Hixem I
que desataba las palomas del tiempo.
El que grababa la caligrafía de la aurora.
Pero no era más que un extraño
que pertenecía a todas las épocas.
El viajero de los mares y de las lluvias,
y el que dormía sobre lechos de violetas.
Fui bibliotecario de al-Haxam II,
de libros en las estanterías del porvenir.
Descifré los catorce días alegres
de Abderram III disipando las tinieblas,
tocando el laúd en la bella Medina Azhara.
Por la senda de los cipreses
alcancé hasta el palacio de La Arruzafa,
donde jugué con ruiseñores y mariposas.
Tejí anillos de amor en las almunias de Na'ura
y de la Noria para mi amada que me esperaba
rodeada de higueras, surtidores y almendros.

Hasta recibí una bolsa de oro del ambicioso Taruba.
Cruce las columnas de la Mezquita de Córdoba,
entre murmullos que fluían del mármol
que recordaban a Ifriquiya...Cartago...
en medio de las oraciones de la brisa.
El lenguaje divino brotaba de los corazones
después del llamado del almuédano
para ofrendar y curar las heridas del alma.
Con el triunfo de Ibn al-Samir,
me dediqué a entretejer
collares de versos de luna.
Me sedujeron los arpegios de Ziryâb
bajo los ramajes de las estrellas.
Sentí el amor que fluye
del sueño de las amapolas.
Y en la morada de mi amada
dejé de ser el extraño del tiempo
abrazado a ella irresistiblemente.
Elogiaba mis historias
pensando que las inventaba.

CLARIDAD

Como pastor del silencio
duermo hechizado
bajo el fulgor del cielo.
Entre las camelias
que son las lámparas de la hierba.
O sobre las brasas de la dulzura,
cuando busco la hoguera de la piel amada
que enciendo con mis besos.

EN LA ANTIGUA CHINA

Recuerdo a Tu Fu
sentado a la orilla del Yangtsé
alisando el viento sus canas,
alejado de su hermosa tierra,
de su morada con suaves aromas.
Mientras el río refleja su rostro desconsolado,
por acordarse de las interminables
bohemias que dejó con avanzada edad.
Ya no es el joven apasionado y vehemente.
Lo único que le entusiasma es su escritura,
sin poder detener los pasos del otoño.

NUNCA

Nunca abandones la poesía
porque destrozarás tu alma.
Perderás sentimientos,
nostalgia, ideales.
Nunca abandones la poesía,
porque con ella puedes resistir
la soledad, el silencio y el olvido.
Y para que tu existencia
florezca como la primavera.

EL VIAJE

Cuando la memoria
se extasía con los velos del aire
que ondulan como olas.
Con las espigas que se balancean
bajo la hoguera del sol.
Con los árboles que se mecen
en los temporales del sur.
Con el llanto de los ríos,
y los cantos de los pájaros
en la claridad de la aurora.
Y el mar se derrama
con sus espumas y algas
sobre los roqueríos.
Con el desierto silencioso,
y sus dunas como jorobas
se deshacen entre los dedos del sol.
Con el tiempo que pasa

por los túneles de los huesos.
Con los cerezos iluminados.
Con los crepúsculos que tiñen
las montañas de nieve.
Con la tenaz enredadera
que intenta llegar a la hierba del cielo.
Con el aroma invisible que embriaga
a las abejas y mariposas.
Con la luna que teje su manto de plata.
Con las estrellas que brillan
como ramilletes de uvas.
Con la luz que corona las araucarias,
no somos más que aquel hombre
que encontró el ciego Homero,
narrando cuentos silvestres.

EL ARTISTA ANTE LA TELA

En recuerdo de Jorge Oliva

Frente a la tela del tiempo,
la paleta surcada con pasión
para plasmar los colores del espacio.
El pincel que se desliza
por la tela de la soledad.
El alma poseída por la luz.
El vacío donde se despeña el día.
Las mariposas del silencio.
Y los espasmos de angustia
ante los primeros trazos.

CERRO ÑIELOL

La lluvia en el cerro Ñielol
se desliza por las hojas
con todo el aroma del bosque.
Cuando el sol juega en sus arroyos
la piel tiembla a la sombra de un roble,
y el amor besa con labios de arcoíris.
Pasan las primaveras como nuestras vidas.
Como la de los heroicos mapuche
que lucharon entre la maraña,
bajo las pataguas y ocultos senderos.
Esta montaña contiene la historia
más valiosa que *La Araucana*.
De los copihues que surgieron de la sangre

de los corazones en cada alborada.
De las caricias del viento sobre la hierba.
De los temporales que sacuden sus ramas.
Mi juventud transcurrió entre sus helechos,
mariposas, libélulas y cantos de pájaros.
Está en la memoria que escriben sus pétalos.

SUEÑO Y MAGIA

En una noche de juventud
bajo el fulgor de los luceros
suavemente mi mano recorrió tu piel
y los cabellos que cubrían tus senos.
Mi boca te dejo un profundo beso
que hizo crecer llamas en el corazón.
Nos agitamos como el mar
que nació de las lágrimas de las nubes.
De la tristeza que enmudeció a Dios
vernos bajo el árbol del pecado.
El amor y la pasión fue nuestro encuentro
que destruyó la pureza de su creación,
castigándonos con el tiempo que nos limita.
En mis ensueños observo tu imagen
y siento el roce tierno de tu ternura,
que me lleva a recordar
tus hermosas primaveras.
Pasan los años y siempre te estoy amando,
como si fueras el arroyo que se renueva
con el agua fresca que mi vida necesita.

CREACIÓN

La luz inundó el Universo,
y tomó la sangre
el color del crepúsculo,
los huesos la blancura de la nieve,
y las tinieblas la infinita
palidez de la muerte.

MÚSICA CELESTIAL

Los dedos de las estrellas,
tocan una guitarra de luna.

LA TIERRA NO SE TERMINARÁ

si hay seres que aman como tú,
y la riegan con sus lágrimas.

TODOS LLEVAMOS

A José María Molina Caballero

Todos llevamos
un destierro en el alma.
Un dolor de perro
que aúlla de desolación.
Más de un miedo
en la médula de los huesos.
Saliva de acíbar
en la lengua de nuestra estirpe.
Una soledad entre los lirios del silencio.
Una miseria de años que rasguñan
las ramas del tiempo.
Una existencia de evocaciones
en el huerto de las imágenes.
Y el amor que nos ennoblece.

FINAL

Cuando pasan las nubes
sobre bosques y ciudades,
los hombres cuentan las horas.
Cuando el río fluye
sin retornar a sus orígenes
la gente forja el tiempo de los recuerdos.
Cuando bajo los astros
la brisa acaricia los almendros,
un ser muere como el final de la tarde.

CAMELLOS DEL SILENCIO

Los camellos del silencio
atraviesan las dunas de la soledad.
Se pierden bajo las algas celestes
que cuelgan del mar del cielo.
Un hombre tendido en el Sahara
sueña con la alfombra mágica
que lo lleve a la Europa de las ilusiones.
Sigue por el camino
donde sólo el aire arrastra arena
y cae la luz del sol.
Su vista se extiende en el desierto
entre esculturas que se deshacen
bajo los sicomoros del olvido.

UN POETA ÁRABE

El poeta árabe Ar-Rusafi
escribió con nostalgia:
"Amigos que partís,
hermanos de mi pasión,
¡benditos seáis!
Llevad mi corazón a la lejana patria."
No podía olvidar a su amada Valencia.
Sus recuerdos le hacían vivir sobre el olvido.
Su verbo añoraba la morada,
los surtidores, los huertos y el mar
que cubrían sus pensamientos.
Ahora, yo cavilo sobre mi terruño.
Mis ojos se humedecen por la nostalgia
al caminar sobre el tapiz de la hierba,
viendo los cerezos que deslumbran
entre las melodías del aire.

NOCHE DE AMOR

En una noche inexplicable
me sentí unido a una hermosa
joven en la discoteca *Cambalache.*
Me preguntó mi nombre y oficio.
Para probar sus conocimientos,
dije: -Frank Kafka.-
Ella respondió:
-No sé si te he leído
o me han hablado de ti.
Después de bailar me invitó
a pasar la noche juntos.
-Estoy tan sola como tú.
En la habitación había un espejo
que me mostraba más feo que nunca.
Sin embargo, ella estaba feliz.

Me estrechaba ardientemente
una y otra vez.
Entusiasmado le pedí:
-Por favor, llámame escarabajo.
Se rió escandalosamente,
pero musitó muchas veces en mi oído:
-Escarabajito mío.
Y yo me sentí dichoso,
porque, por fin, me había transformado.

CAVERNARIO

No pertenezco
a la escritura de talleres,
ni a grupos que iluminan la realidad
y anidan ilusiones.
Soy cavernario.
Amigo de mi soledad
y de pocos humanos
que sienten el mundo
en el oleaje de su imaginario,
como un náufrago a salvo
en la playa de la vida.
Pertenezco más bien al ostracismo,
que sólo se deja llevar por la palabra
y el amor que me ofreces con toda tu sangre.

CELEBRACIÓN

Sólo celebro el amor
ante el tiempo que me degrada.
Todo lo demás que se vaya
como el viento a perderse por la tierra.
Sólo celebro el amor
que me da el verdadero sentir de la vida:
la armonía, la emoción, la ternura,
la amistad de los que aún me tienen afecto,
de los que ya se fueron y que no olvido.
Sólo celebro el amor
de los que fueron mis progenitores.
Los que nacieron de mis entrañas.

Mis hermanos y los recuerdos de mi patria
que me remueven la memoria.
El lugar donde nací cubierto de cerezos,
manzanos, ciruelos, aromas a madera,
pájaros, flores y cereales.
Con ríos donde se extiende el sol,
las estrellas y las lluvias del sur
que suenan constantes y cristalinas.
Sólo celebro el amor,
porque sin ti no soy nada.
La tristeza fluiría sin detenerse
por los surcos de mis mejillas.
Aún somos la mirada cómplice,
la sonrisa que alegra
nuestra cansada existencia,
debido a un viaje muy largo
para disfrutar de la libertad.
Sólo celebro el amor,
mientras estés en mi corazón,
y levantemos la copa
con el vino que llenamos
con tantos otoños
y crepúsculos púrpuras.
Sólo celebro el amor
que siento por la naturaleza.
Lo que sobra que lo arrastre el viento
como a las nubes que se pierden,
más allá del horizonte.
Sólo celebro el amor y nada más,
sin oropeles, ni expresiones inútiles,
mientras me permita el tiempo
hacer un brindis en este inexplicable
y pesaroso mundo que se despedaza
despreciando la paz y otras dichas.
La ternura y los besos no tienen años.

CADA HOMBRE

Cada hombre
en su propio destierro
canta sus sueños.

EL PEREGRINO

El peregrino
deja sus huellas en los caminos
de su soledad.

EL OTOÑO

Guarda en cofre de hierba
la riqueza de sus hojas amarillas.

MILAGRO

El milagro es vivir,
sin saber nada en un principio del morir.
Sólo el tiempo señala el límite de ser.
El milagro fue surgir en este mundo misterioso.
Que se cruzaran en la adolescencia las miradas.
Que se encendieran como estrellas bajo un cielo límpido.
Que dijéramos unas tímidas palabras.
Que nos diéramos a conocer con nuestros nombres.
Que se repitieran los encuentros.
Que fuéramos al cine a ver a Kirk Douglas.
Que la atractiva Monroe atrajera hasta los curas.
Que la gata sobre el tejado de zinc…
Que con la Taylor y Newman y más.
Que nos tocáramos las manos.
Que la sangre ardiera como una hoguera.
Que los huesos se estremecieran.
Que sintiéramos deseos y ternura.
Que las caricias se repitieran mil y una noches.
Que el amor y la pasión crecieran como el sol.
Que el alma fuese un surtidor de alegría.
Que los años dieran hijos, nietos y bisnietos.
Que el dolor del ostracismo no nos venciera.
Que las primaveras avancen
envejeciendo a los mortales.
Que irremediablemente, quiero decir, el amor
que da la dicha, un día -¡mierda!- se termine.
Que la angustia mayor en este existir
es enfrentar la muerte.
Que de aquella primera mirada
sólo queden los descendientes,
que seguirán poblando el mundo
hasta sus próximas muertes.

CUMPLEAÑOS

Quisiera vivir mucho más
para seguir amando el mar,
los bosques, las flores,
los animales, las piedras.
Recordar mi infancia
entre ríos y trigales,
a mis padres, hermanos, amigos
y países que he recorrido.
Los libros, la música, la pintura,
el teatro, el cine, la escritura,
los sollozos por ser feliz,
el pan de cada día y el vino
que ofrece Omar Kayyan,
o Abu Nuwas bajo las higueras
con cantos de pájaros
y surtidores donde el agua
da su ritmo alegre.
Sentir en mi memoria El Quijote,
y Cien años de soledad.
¡Vivir, vivir, vivir… mucho más!
para seguirte amando,
y que nadie, por favor, me felicite
por cumplir ni desear más años,
que sé quién está ante el espejo
que refleja una imagen deteriorada,
esculpida con desdén por el cincel del tiempo.

SOY DE LOS ÚLTIMOS POETAS

Me gustan los árboles,
acariciar la madera,
sentir su aroma,
escribir en papel.
Soy de los últimos poetas
que dejan sus huellas
en textos de origen vegetal.
Me alegro de leer un libro
que me haga pensar, sonreír,
angustiar, ilusionar, jugar al misterio.
Tenerlo entre mis manos y en la memoria.
No siento lo mismo con la lectura virtual.
Pido disculpas a las nuevas generaciones,
que hacen con la técnica avanzar al mundo.
Pero ya no podrán sentir el sonido
al dar vuelta una hoja,
ni cuando se cierra por cualquier motivo.
Soy de los rezagados de este nuevo tiempo.
Es posible que me compadezcan por ser del pasado,
y desear quedarme en la tierra rodeado de florestas,
sin desear viajar por el espacio acompañado de robots.
Me gusta que se cuente la vida con sus dolores,
alegrías y muertes.
Todo el imaginario en un papiro,
en un pliego, en un texto,
en pergaminos llenos de amor y sueños,
como antes en la piedra
y en tablillas de barro.
Soy de los últimos
que utiliza la escritura con sabor terrestre.

INSPIRACIÓN

A Gunther Castanedo Pfeiffer

Escribo por la luz del sol.
Por la voz interior de la piedra.
Por la magia que habita en los bosques.
Por los secretos de la materia.
Por el lenguaje de las vertientes.
Por el anhelo de libertad.
Por la paz que brota de la naturaleza.
Y por el amor que hace milagros.

LIBRO SIN FINAL

Haz de tu alma un libro sin final,
desprovisto de numeración,
de límite y de espacio,
con todo el amor que das y te han dado:
la magia, los dolores, los sueños,
la hermosura, las vigilias bajo la luna,
y las lágrimas que se deslizan como el rocío
por las hojas del árbol de la memoria.

ÍNDICE

Ediciones Vitruvio

Colección Baños del Carmen

Últimos libros publicados:

Platero y yo, de Juan Ramón
Jiménez

De mi hermosa Ucrania, de Tarás
Shevchenko

Tiempo, de Carlos González

La incertidumbre del destino, de
José Gerardo Vargas

Vintage, de Rosa Díaz

La trama del cielo, de José Félix
Olalla
2ª edición

Las ciudades tentaculares, de Émile
Verhaeren

Celosías en tiempos robados, de
Antonio Machado Sanz
segunda edición

Escombros, de Pedro López Lara

Frugálicas, de Hebert Abimorad

Algo te queda, de Abel Santos

Pasos de poetas, de Carmen Maga

No riegues mi árbol de Jade, de
Andrea Mijangos

Domus Nostra, de Javier
Castañeda

Cierta como Morgana, de Javier
Olalde

El sueño de los árboles, de José
María Muñoz Quirós

Confinada voz, de Jesús Mauleón

Fuego tan caníbal, de Sergio Iborra

Tu nombre, de Eva López del Pino

Material de uso urgente, de Javier
Alcibar

Papá con niño roto, de Federico
Jiménez Asenjo

Viaje hacia los signos, de Víctor
Ruiz

También en lejanía, de Néstor
Hernández Alonso

Lorem Ipsum, de Jan Dols